《群読》実践シリーズ

古典を楽しむ

［俳句から平家物語まで］ 指導案例付き

日本群読教育の会＝企画
毛利 豊＝編著

高文研

◆——はじめに

群読はまだ新しい文化である。「大勢で唱えれば、その願いごとはかなうだろう」からはじまった表現文化である。

群読は、大勢で読むのだが、文意にあわせて分担して読む。そこに特徴がある。今日、いろいろな場で、この表現が採用されている。読む楽しさが倍増すると同時に、訴求力が強まるからだ。

わたしたちは、この群読を教育現場にとりいれることで、子どもたちの表現力を育てようと考え、その研究団体として日本群読教育の会を組織した。

その研究・実践のなかで、「みんなで声を出す群読文化」は子どもの発達、とりわけ脳を活性化し、また、協力して表現することで、音読する喜びや楽しさを育て、表現力を磨き、その社会性を育てることも実証されてきた。

これまで、日本群読教育の会では、会員の日々の実践をまとめた『いつでもどこでも群読』『続いつでもどこでも群読』（ともに高文研刊）などを刊行し、群読教育の普及をはかってきた。

幸いにも好評を得ている。

今回さらに、群読教材の領域ごとに、その実践活動を深めるために、各論ごとの《群読》実践シリーズを企画して、刊行することになった。極力ハンディな仕様にして、なるべくＣＤをつけて普及することにした。全十数巻を予定し、できたものから順次刊行をしていく予定である。

本書はそのシリーズの四冊目である。むずかしいからと敬遠されがちな古典を素材にした、学校や地域における楽しい群読実践などを紹介した。

本シリーズが、さらに群読教育の研究・実践を深めていくことを期待している。


日本群読教育の会創設者・前会長　家本芳郎

もくじ

はじめに　1

『古典を楽しむ』編集にあたって　7

凡　例——群読の記号・用語解説　12

第Ⅰ章　さまざまな古典の群読実践

✣小学一年生の学年群読・落語「寿限無」　16　神奈川県横須賀市立大塚台小学校教諭　長塚松美
——（指導案掲載）

✣小学生でも理解する百人一首の群読　25　千葉県千葉市立蘇我小学校教諭　深澤五郎

✣俳句、短歌の解釈に群読を生かす六年生　28　宮崎県都農町立都農南小学校教諭　坂尾知宏
——（指導案・ワークシート掲載）

✣高校生のグループ対抗・群読コンテスト　38　新潟県立新潟県央工業高校教諭　片桐史裕

✣群読を取り入れた大学の英語授業　43　秋田県立大学准教授　草薙優加

✣市民サークルで「外郎売りの科白」を群読　48　日本群読教育の会会員　海上和子

第Ⅱ章　古典群読ア・ラ・カルト

第Ⅲ章　古典群読の最高峰──平家物語の世界

装丁・CDデザイン＝商業デザインセンター・増田　絵里

CD収録もくじ

＊トラック1は書名読み、31はBGM

◆──CD収録参加者

〔日本群読教育の会　会員〕
相原　和正・海上　和子・片桐　史裕・加藤　恭子・加藤　征子・草薙　優加・坂尾　知宏・澤野　郁文・重水　健介・長塚　松美・日置　敏雅・深澤　五郎・伏見　かおり・馬見塚　昭久・毛利　豊・山口　聡・山田幸子

❖日本群読教育の会・二〇〇八年神奈川大会　事前研修会参加者
❖富山県民カレッジ「自遊塾」の群読講座二〇〇七、八年度受講生
❖富山県滑川市立滑川中学校　選択授業三年生　国語Aコース受講生

＊群読実践記録報告団体の名称は省略、本文を参照ください

ＣＤ・ＢＧＭ＝澤野　郁文

『古典を楽しむ』編集にあたって

群読は、文章を分読したり声をそろえたりしながら音読をする、集団的な朗読である。そこでは、呼吸を合わせることや協力することがしぜんに行われる。だからだろうか、初対面の人でもいっしょに群読をすると、すぐになかよくなれて心が調和する。ときに、多くの人の声は現実をも変える。まさに、いつでもどこでも誰でも簡単につながり合え、願いをもかなえる〝声の文化〟なのである。

ではなぜ、古典を群読するのか？　大きく二つの理由がある。

劇作家・木下順二氏は、原文がもっている「言葉としてのエネルギー」を活かすためだという。語釈や現代語訳で意味は伝わる。しかし言葉の勢い・エネルギー・語感が損なわれる――と。確かに原文だけがもつリアルさと重みは、一人での朗読よりも、集団で読む方が効果的な場合がある。例えば〝語り物〟と呼ばれる口承文学、特に集団が主人公である軍記物などはそうであろう。大勢で群読すると、古戦場が眼前に彷彿とし、古人たちの息づかいまでもが聞こえてくる。これが第一の理由である。

俳句、短歌、ふたり読みに適した古典なら、すぐに群読ができる。本書に収録した実践例や群読脚本で、まず試してほしい。小学校低学年でも、短時間でできるものがある。俳句や短歌の授業のついでに、発展として古典作品の群読をお勧めする。すると、「古典はむずかしい」という先入観がいかに間違っていたかをお分かりいただけるだろう。これが第二の理由である。

群読に適した古典とはどんな作品なのか?

本格的な群読に最も適しているのは口誦文学、なかでも〝軍記物〟である。メリハリの利いた文体で、リズムがあるからである。

①語り物である。②史実を素材としている。③集団と集団との戦いであり、話全体を貫く個人・ヒーローがいない。④文学作品として内容が豊かである。この条件を兼ね備えたものは、『保元物語』『平治物語』『平家物語』『太平記』『明徳記』ぐらいで意外と少ない。『将門記』『義経記』『陸奥話記』『源平盛衰記』などは読み物として書かれたもので、厳密には軍記物ではない。

説話文学も口で語られたものが多い。『今昔物語集』『竹取物語』『御伽草子』などは、民間に伝わった話の集成だけに、すすんで群読してみたい。

漢詩は韻を踏み、もともと朗唱されたものである。一つの詩を「読み下し文・原文(中国語)・口語訳」と、セットにしてみるとおもしろい群読になる。

さらに、上代の短歌や長歌、近世の俳諧も声に出して朗唱されてきた。短いけれども、文章の構造や内容によっては群読にすることができる。初めて群読指導する人や相手が年少者の場合には、お勧めである。

また対句、対比、反復、漸増・漸減などの表現技法、さらに七五調、五七調の調子などをもつ文章にはリズム感があり、音読や群読に最適である。平家物語はその代表格であるが、近代の論説文にも新聞社説などで見事な骨格をもった漢文調の名文が多くある。明治時代には、紳士が駅の待合室でも新聞を音読するのが日常風景であったというのもうなずける。

古典の群読脚本づくりのポイントを挙げておきたい。

①気に入った作品の適切な箇所を選ぶ。

まず、自分がほれこんだ文章を選ぶことである。そうしてこそ、創作意欲もわいてくる。情景描写の見事なところ、躍動的で力強いところ、ユーモアがあり面白みがあるところ、しみじみとものの哀れを誘うところ、含蓄ある処世訓などなど。

②まずは先行脚本の模写や改作からはじめる。

画学生が名画の模写から学ぶように、先行脚本の模写をすると分読のコツがつかめる。ただし、全くの丸写しでは退屈である。場面を狭める、読む人数を変えるなど、条件を少し変えて改作を試みる。すると分読の仕方の理由を考えながら読み込むので、主体的に学べる。

③レジー（書き換え）をしてもよい。

気に入った部分も完璧な文章ではない。時には入れ替え、付加などの書き換えをする。これはレジーといって、創作技法のひとつである。それによって、原文の個性をより際立たせたり、受け手に伝わりやすくしたりできる。

④文脈の分析にのっとった「分読」を心がける。

木目に逆らって木を割ってはならない。同じように、文章の流れや内包する論理・構造を無視して分けてはならない。必ずそれらに沿って自然に分読するようにする。

⑤細かく切り過ぎず、朗唱そのものの力を！

細かく分読しすぎると読みにくい上に、朗読力を阻害する。ある程度の長さを保ち、じっくりと読み上げる力を前提とした群読でありたい。プツプツと細切れにしないことである。

最後に、古典群読だけとは限らないが、群読の指導上の留意点をいくつかあげる。

《群読指導の進め方の例》

第一段階　連れ読み→指導者が短く区切りながら読み、続けて同様に読ませ、口写しで教える。

第二段階　一文輪読→輪になり一文単位で輪読をし、読み方を指摘しながら各人の声の個性を把握する。

第三段階　配役読み→個性に合った配役を決め、自分の箇所は大きく、他の配役の部分は微音読する。

第四段階　合わせ練習→決められた配役と、分担箇所だけを合わせて読む。

第五段階　舞台練習→発表隊型に並び、マイクテストも兼ねて、実演してみる。

《朗唱法》（詳しくは『群読をつくる』『すぐ使える群読の技法』〈ともに高文研刊〉などを参照）

①明瞭な発音、発声——口形をはっきりとし、おなかから声を出す。

②気取り―歌舞伎や狂言の役者、あるいは口上師のように、気取って格好をつけて読む。
③高だし―突然大きい声から始めて、聞き手を一気にその世界に引き込む講談師のように読む。
④点丸交換―必ずしも文中の丸や点にこだわらない。丸と点を交換すると効果的な場合がある。
⑤修羅場読み―早口で、激しくまくし立てるように読むとよい箇所がある。戦闘開始の場面など。
⑥意連―言葉は切っても気持ちはつなげる、いわばメンタルなワザである。

古典と呼ばれる作品は、著作権が消失していて、脚本化したものを自由に公表し、意見交換できるのも魅力である。さまざまな分野の素材を、各人の発想で脚本化し、多様な形態で発表し合いたい。それによって、古典の世界はいっそう広がり、豊かなものになることだろう。

本書の実践・群読脚本・記述・音声がその手がかりとなれば、たいへんうれしい。

なお、ＣＤの音声の録音は学校現場で行っているため、生活音などが若干入っている作品もある。ご寛恕を乞い、かつ学校ライブ感を味わっていただければと思う。

二〇〇八年九月

日本群読教育の会副会長　毛利　豊

凡例　群読の記号・用語解説

1〈ソロ・アンサンブル・コーラス〉

ソロは一人で読む。ただし、「一人が読む」ではない。順番に一人ずつ読んでもいい。

アンサンブルはグループで読む。コーラスの六分の一くらい。

コーラスは大勢で読む。

2「＋」〈漸増〉前につけたしていく。

a	大きな	aが読む
＋b	大きな	aとbが読む
＋c	大きな	aとbとcが読む

3「－」〈漸減〉前の読み手より減らす。

abc	小さな	aとbとcが読む
－c	小さな	aとbが読む
－b	小さな	aだけで読む

4〈追いかけ〉追いかけて読む。

A ┌ふるふるふるふるゆきがふる
B │　ふるふるふるふるゆきがふる
C └　　ふるふるふるふるゆきがふる

右のような場合、Aが「ふるふる」と読むと、Bが「ふるふる」と追いかけ、Bが「ふるふる」と読むとCが「ふるふる」と読んでいく。ＡＢＣの声が次々に重なっていく。

5「§」〈乱れ読み〉 声を合わせずにわざとバラバラに読む。

§全員　消防車　清掃車　散水車

右の場合、読み手の全員がわざと声をそろえずに読む。読みがバラバラになって乱れるので乱れ読みという。

6〈異文平行読み〉 違う文をいっしょに読みすすめる。

A ┌これが……あれだ　あれが……それだ　どれが……なんだ
B ├あれが……それだ　どれが……なんだ　これが……あれだ
C └どれが……なんだ　これが……あれだ　あれが……それだ

ＡＢＣの三人がいっせいに同時に自分の文を読む。そう読むと、声が混じってなにを読んでいるのか分からないが、それでよい。雰囲気をつくる読み方。

7〈わたりの技法〉文を句で区切って分読し、最後に全員でもう一度、その文を読む。

A　雲から山へ
B　山から川へ
C　川から海へふりそそぐ
ABC　雲から山へ山から川へ川から海へふりそそぐ

8「（　」〈異文重層〉異なる言葉を次々とかぶせて重ねていく読み方。「／」はそこで終了の意味。

（1　ヒャラリーリ
（2　テレツクテン
（3　チャンチキチン／

表にすると次のようになる。

1	2	3
ヒャラリーリ		
ヒャラリーリ	テレツクテン	
ヒャラリーリ	テレツクテン	チャンチキチン

第Ⅰ章

さまざまな古典の群読実践

小学一年生の学年群読・落語「寿限無」

◆神奈川県横須賀市立大塚台小学校教諭
長塚　松美

実践の概要

小学校一年生。六クラス一九四名を【にこにこ　なかよし　ともだちいっぱい！】の学年にするために、四月よりわずか一五分の「朝タイム」を使って、群読と英語活動を学年全体合同で行ったり、半分ずつ交互に行ったりするという点で、学年教師六名の考えが一致した。

子どもたちに豊かな文化活動を広げ・深めるだけでなく、教師同士もお互いの力量を高めていこうというのが大きなねらいであった。

学年全体構想はもとより、群読に関しては実践を積み重ねるたびに群読脚本も増やしていくという形式の、「群読集」を作成することにした。

一年生にも古典の世界にふれ、親しんでもらおうと考えて計画した、落語「寿限無」の群読実践の様子を報告したい。

はじめは学年全員の前で、一人で声を出すことに抵抗があるのではないかと懸念したため、ソロ部分はクラス単位で請け負うことにしようと考えた。しかし感情表現を大切にしたいということと、度胸のある子も中にはいるだろうと思い、各クラスからソロを二箇所、選んでもらうことにした。

「寿限無」を取り上げるまでに、群読はすでに三作品（「そうだ村の村長さん」「きのうのあしたはなんだっけ」「『オー』とのばすおん」）を経験していた。本作品は、いきなり群読に入るのではなく、作品の背景を知ってもらった方がいいだろうと考えた。中にはなんとなく知っている子もいる。でも、落語の世界と群読を結ぶためにも、初めは読み聞かせから導入した。しかも、いつも行っている読み聞かせではなく、つたないながらも落語っぽく行うことが、子どもたちには新鮮に違いないと考えた。

高座を仕立てて、座布団・木魚・扇を用意した。何も見ずして落語を聞かせるまでには熟練していない自分が歯がゆかったが、お話を想像する手助けとして、絵本を学年教師の協力で見せながら、とにかく大熱演した。三クラスずつ二回に分けての導入であった。

すっかり引き込まれた子どもたちは、早く群読をやりたがった。おもむろに「寿限無」の脚本を群読集に貼ると、すぐに読み出した。声のたし算・ひき算（漸増法・漸減法）については、前作品ですでに体験していたので、何人か集まってはすでに子ども同士で脚本に慣れ親しむ姿があちらこちらで見られた。この姿は私のクラスだけでなく、他クラスでも盛り上がっていたとの報告を受けた。

そのため、合同練習の初回から、子どもたちは大いに盛り上がり、一斉読みを行った。

二回目は、漸増・漸減部分とクラスごとの分担の部分（後にソロに改正した）を六人の教師が範読し、「全員」の部分を子どもも教師も一体となって読んだ。各教室に帰った後も、読み続けている盛り上がりがうれしかった。

三回目は、漸増・漸減を特に意識するように、声の出し方に着目させるようにした。その後二回ほど練習を重ねて、一二月一七日に録音を行った。

録音を含め本書に収録することについて、保護者にも学年だよりで承諾していただく手はずを整えた。事前に学校長に見せると、深い理解を示してくださり、学校長名で文書を出してくださることになった。これまでの学年の取り組みを賛同してくださる文面が、非常にありがたかった。

その後一月から三月の間に、新たな作品（「地引き網」「おむすびころりん」）を積み重ね、群読と歌を組み合わせた群読、英語の歌、合奏唱をふんだんに盛り込んだ「学年合同発表会」（三月二一日）を行った。当日は二〇〇名を越える保護者を前に、堂々とした発表であった。「寿限無」も、録音の頃よりさらに拍車がかかり、かなりのテンポで発表することができた。

一九四名という大規模学年ではあっても、学年教師六人の気持ちが一致して取り組めた。それによって、子どもたちの心も一つにまとまり、ダイナミックな実践を展開できた一年間であった。

友だちに対する接し方を見て、こよなく優しい心豊かな子らに育ってくれたと思っている。

古典【群読】に触れよう＝【指導案】

２００７．１０．１１．
（学年会にて）

１．ねらい　①　落語という入りやすい教材を通して、古典の世界に触れ、親しむ。
　　　　　　②　声のたしざんやひきざんを取り入れた【群読】を楽しみ、クラスや学年全体で力を合わせることで、より深い【群読】を味わう。

２．並び方　各クラスごと４列に並ぶ。（読み聞かせの時も同様）

３．教　材　「寿限無」

４．本時の展開
①　読み聞かせ…１・２・３組はにこにこ広場にて１５日（月）読書タイム
　　　　　　　　４・５・６組はなかよし広場にて１９日（金）読書タイム

学　習　の　流　れ	長塚の働きかけ	先生方の援助
１．絵本「寿限無」のお話を聞く。	・落語家のように、机の上に座布団を敷き、座って読む。 （小道具…木魚・扇）	・話に沿って絵本をめくって、子ども達に見せる。 （Ａ先生）（Ｂ先生）

②　群読…全クラス一緒に、２５日（木）・１日（木）・８日（木）
※その後については、やってみてから。
★１２月初旬には、仕上げて録音したい。

学　習　の　流　れ	長塚の働きかけ	先生方の援助
１回目　全員で、通し読み。 （群読集持参） ※教材の印刷配布は、来週中。子どもには、２２日の週に貼らしてください。	・最初だけ、連れ読みをするが、きっと子ども達は読めると思うので、一斉に読むことを導く。	・一緒に読む。
２回目　先生方がクラスごとの分担部分を読む。 子ども達もくわわる。	・先生方の役割を紹介し、範読することを告げる。 ※３連目からは、全員のところは子ども達も読むように促す。	・クラスの部分を担い、範読する。
子ども達が読む。	・役割読みを促す。	・クラスの部分を、援助する。
３回目　練習し、深める。	・声のたしざん・ひきざんを特に意識させる。	・クラスの部分を、援助する。
?回目　録音	・録音については、事前に保護者に了解を得ておく。	・機材の準備及び録音は、Ｃ先生・Ｄ先生

〈群読脚本〉「寿限無」落語より

CDトラック2

1くみ　じゅげむじゅげむ、
＋2くみ　ごこうのすりきれ、
＋3くみ　かいじゃりすいぎょのすいぎょうまつ、
＋4くみ　うんらいまつ、ふうらいまつ
＋5くみ　くうねるところにすむところ、
＋6くみ　やぶらこうじの、ぶらこうじ、
－1くみ　パイポパイポ、
－2くみ　パイポのシューリンガン、
－3くみ　シューリンガンのグーリンダイ、
－4くみ　グーリンダイのポンポコピーの
－5くみ　ポンポコナの
ぜんいん　ちょうきゅうめいのちょうすけ

1くみ　じゅげむじゅげむ、
＋2くみ　ごこうのすりきれ、

＋3くみ　かいじゃりすいぎょのすいぎょうまつ、
＋4くみ　うんらいまつ、ふうらいまつ
＋5くみ　くうねるところにすむところ、
＋6くみ　やぶらこうじの、ぶらこうじ、
－1くみ　パイポパイポ、
－2くみ　パイポのシューリンガン、
－3くみ　シューリンガンのグーリンダイ、
－4くみ　グーリンダイのポンポコピーの
－5くみ　ポンポコナの
ぜんいん　ちょうきゅうめいのちょうすけ

ソロ1　あらまあ、きんちゃん、すまなかったねえ。
ソロ2　じゃあなにかい、うちの
ぜんいん　じゅげむじゅげむ、
ごこうのすりきれ、
かいじゃりすいぎょのすいぎょうまつ、
うんらいまつ、ふうらいまつ

ソロ3　くうねるところにすむところ、
やぶらこうじの、ぶらこうじ、
パイポパイポ、
パイポのシューリンガン、
シューリンガンのグーリンダイ、
グーリンダイのポンポコピーの
ポンポコナの
ちょうきゅうめいのちょうすけ
ソロ4　が、おまえのあたまにこぶをこしらえたって?
ソロ5　まあ、とんでもないこじゃあないか。
ちょいと、おまえさん、
ソロ6　きいたかい?　うちの
じゅげむじゅげむ、
ごこうのすりきれ、
かいじゃりすいぎょのすいぎょうまつ、
うんらいまつ、ふうらいまつ
ぜんいん　くうねるところにすむところ、

やぶらこうじの、ぶらこうじ、
パイポパイポ、
パイポのシューリンガン、
シューリンガンのグーリンダイ、
グーリンダイのポンポコピーの
ポンポコナの
ちょうきゅうめいのちょうすけ

ソロ1　が、きんちゃんのあたまに
ソロ2　こぶをこしらえたんだとさ。

ソロ3　じゃあなにか、うちの
ぜんいん　じゅげむじゅげむ、
ごこうのすりきれ、
かいじゃりすいぎょのすいぎょうまつ、
うんらいまつ、ふうらいまつ
くうねるところにすむところ、
やぶらこうじの、ぶらこうじ、

パイポパイポ、
パイポのシューリンガン、
シューリンガンのグーリンダイ、
グーリンダイのポンポコピーの
ポンポコナの
ちょうきゅうめいのちょうすけ

ソロ4　が、きんぼうのあたまへこぶをこしらえたっていうのか。

ソロ5　きんぼう、どれ、みせてみな、あたまを……

ソロ6　なあんだ、こぶなんざあねえじゃあねえか。

ぜんいん　あんまりながいなまえだから、こぶがひっこんじゃった。

※小学生でも理解する百人一首の群読

◆千葉県千葉市立蘇我小学校教諭　深澤　五郎

実践の概要

新学習指導要領には以下のように記述されている。

小学校国語〔第三学年及び四学年〕

二、内容〔伝統的な言語文化と国語の特質に関する事項〕

(1)ア　伝統的な言語文化に関する事項

(ア)易しい文語調の短歌や俳句について、情景を思い浮かべたり、リズムを感じ取りながら、音読や暗唱をしたりすること。

五七五の音律を耳で感じ体得するには、低学年ほどよい。弟妹が自然に覚えて兄姉といっしょに遊んでいるという話をよく耳にする。百人一首をやるたびに伝聞する話である。

百首の中には小学生でも意味が分かるものが含まれている。百首の中からいくつか選んで味わいつつ、群読へと繋げていける。慣れてくると抵抗なく、覚えてしまうものである。

小学三年生一クラス三五名を五、六名のグループに分けた実践である。本実践までに現代の詩歌の群読をしてきた経緯がある。しかし、百人一首は文語体である。読み慣れずに、敬遠されやすいので、ごく簡単に感じられ、身近な題材を探して子どもたちに提示した。

吹くからに　秋の草木の　しをるれば　むべ山風を　嵐と云ふらむ　文屋康秀

風が吹くと秋の草や木がしおれてしまうので、なるほどもっともだ、山の風が荒らすから「あらし」となる。そうだから山風と書いて嵐というのだろう。

機知に富んだ言葉遊びとして紹介すると子どもたちも昔の人に親近感を覚えるのだろう。たちまち好きになってしまう。歌のはじめから子どもたちに意味を聞いていき、そのつど褒めていくと、子どもたちは乗り乗りになるからおもしろい。百人一首とのはじめての出会いは、こんなところから始まった。

百人一首は「五色百人一首」などを取り入れ、楽しく取り組んでいる実績が全国各地から報告されている。その中の簡単な一首か二首を次のように群読にすると、覚えることにも役立つし、短歌自体を味わうことにもなり、さらに楽しくなる。

〈群読脚本〉　CDトラック3

1　吹くからに　秋の草木の　しをるれば　むべ山風を　嵐と云ふらむ　文屋康秀

2　吹くからに
23　吹くからに
234　吹くからに
1　秋の草木の
23　秋の草木の
456　秋の草木の
4　しをるれば
1　むべ山風を
23　むべ山風を
456　むべ山風を
全員　嵐と云ふらむ

最後はみんなで大きな声で読むと盛り上がること必定である。正に嵐のように盛り上げて終わりとするとよい。録音は三回詠んでいるが、読み進むうちに小学生でも次第に興にのり、味わい深い勢いのある読みに変わっていく。

俳句、短歌の解釈に群読を生かす六年生

◆宮崎県都農町立都農南小学校教諭
坂尾　知宏

実践の概要

群読脚本を作ることによって、短歌・俳句を読み深める小学校六年生の実践例である。どの技法を用いて群読をするかを考える過程で、作者の心情や情景描写に着目することができ、楽しみながら短歌・俳句を読み深めることができる点において、群読脚本作りは有効である。

まず、短歌と俳句を群読にする際の基本形に触れておきたい。

俳句の場合は、はじめに作者、次に俳句全体を全員で通して読み、そのあと分読した群読に入るようにする。また、短歌の場合は作者名の後、群読し、最後に「わたり」の技法のように短歌全体を読むようにする。こうすることで、短い文字であっという間に読み終える短歌や俳句も、ひとつの群読作品として引き立つ。

授業では、まず群読の技法について例を引用しながら説明する。その際、短歌や俳句の群読に応用しやすい、たし算読み（漸増法）、ひき算読み（漸減法）、追いかけ読み、比べ読み、乱れ読みを取り上げ

た。比べ読みという技法は、本来、群読の技法ではないが、与謝蕪村の「菜の花や　月は東に　日は西に」のように対比が用いられている作品を、「月は東に」と「日は西に」の二つに分けて読む方法のことをさしている。

次に、教科書に出ている俳句、短歌と教科書以外から選んだ「お題」（八つ）の中から、グループで一つの作品を選び、群読脚本を作る。その際、なぜその技法を用いたかワークシート（三二ページ参照）に書かせることで、作品をどのように解釈したか確認できるようにする。

出来上がった作品は、クラス全員で読んでみる。特に、漸増法を用いる場合は、人数配分を二倍、四倍、八倍というように、倍々で増やしていくと、ダイナミックな効果が得られることを申し添えておきたい。

最後に感想を発表して、授業のまとめとする。

短歌・俳句を細部までよく読み深め、その解釈を生かして、指導者をうならせるような群読脚本を作るグループもあった。授業における群読の新たな活用法としてとしてぜひ推奨したい。

以下に指導案、ワークシート、さらに私が授業で紹介した脚本例と、児童が作った脚本を掲載したので、群読実践の参考にしていただけたら幸いである。

第６学年○組

国語科学習指導案

平成○○年○月○日
指導者　○○　○○

1　単元名　　言葉のひびきを味わおう　「短歌・俳句の世界」

2　目　標

○　日本古来の伝統的な短歌・俳句に興味をもち，楽しく読んでいる。　（国語への関心・意欲・態度）

○　音読方法を工夫しながら，短歌・俳句の優れた表現を読み味わうことができる。　（読むことの能力）

○　短歌・俳句を音読し，文語の調子に親しむことができる。　（言語事項）

3　指導観

○　日本の伝統的な文学ジャンルの中でも，短歌や俳句ほど古くから人々の生活の中に根づき，親しまれてきたものはない。それは，長い歴史と伝統をもつ日本文化の華といっても過言ではないだろう。日本の文化や伝統などに関心をもち，理解を深めることは，教育の大切な目標の１つであり，同時に，国際理解教育の一領域として，他者を知り，自己を知るために欠かすことのできないものともいうことができる。

本教材は，短歌と俳句について簡単に説明した文章，季節感や心情あふれる短歌４首と俳句４首で構成され，児童が興味・関心をもって学習に取り組むことができるよう工夫されている。また，第５学年上巻「詩を味わおう」で，すでに文語調の文章については学習しているので，古い時代の言い回しや表現には，さほど抵抗なく取り組めると考える。

本教材は，様々な技法や季節感の作品がバランスよく取り上げているので，構造を理解する力を伸ばすために適している。また，学んだ技法を生かして，短歌・俳句の群読シナリオを作る活動によって，文語調の作品を，楽しみながら読み深めることができると考える。

○　（児童観省略）

○　本教材では，まず単元の「つかむ」段階（１時間）で，短歌・俳句の歴史についてふれる。その中で，古くからの日本人から受け継がれてきた伝統的な文化であることを知る。また，五音や七音という，日本人が好む独特のリズム感や，俳句における季語のきまりなど，短歌や俳句の基本的な事項について４首の作品を読みながら学んでいく。

次に，「かわる・できる」段階（２時間）では，短歌・俳句各４首，計８首を詳しく読んでいく。その際，作品の技法や構造を中心に学び，構造について理解する力をしっかり身に付けさせる。

本時は単元の「まとめる・ひろげる」段階（１時間）である。

まず「つかむ」段階では，学習本時のめあてを確認した後，これまでに読んだ俳句をもとに，群読化するために必要な技法についておさえていく。

次に「かわる」段階で，学んだ技法を用いながら，短歌や俳句の群読シナリオを作る活動をする。群読化しやすい短歌と俳句８首を予め選んでおき，ワークシートにまとめておく。その中から各班１首を選び，群読シナリオを作る。作成の際には，「つかむ」段階で学習した技法の中から，作品の雰囲気がうまく伝わるものを選択する。また，なぜその技法を選んだか理由を考えさせることで，作品にこめられた心情や描写により深く迫ることができるようにしたい。

「できる」段階では，各班で作成したシナリオをクラス全員で群読してみる。シナリオを書く時間を節約するため，ビデオカメラと液晶プロジェクターを用いて，シナリオの提示ができるように工夫する。

最後に「まとめる」段階で，感想を交流して本時のまとめとする。

4　指導計画（全４時間）

段階	時数	学　習　内　容
つかむ	1	○　短歌・俳句の歴史やきまりについて知る。
かわる・できる	2	○　短歌の意味や構造について知る。
	3	○　俳句の意味や構造について知る。
まとめる・ひろげる	**4（本時）**	○　短歌・俳句の群読シナリオを作る。

5　本時の目標

○　短歌・俳句の群読シナリオを作ることで，作品を読み深めることができる。(読むことの能力)

6　指導過程

段階	学習内容及び学習活動　(☆発問)	指導上の留意点	資料等
つかむ 10分	1　学習のめあてを確認する。 【短歌・俳句の群読のシナリオを作ってみよう。】 2　群読の様々な技法を知る。 ☆　俳句のいろいろな技を紹介します。 ・足し算読み ・引き算読み ・追いかけ読み ・比べ読み ・乱れ読み	○　短歌・俳句の群読で使えそうな技法を選び，いくつか紹介する。技法の呼び名は，児童に分かりやすいように簡単な言葉で表現する。	ワークシート(参考例)
かかわる 20分	3　短歌・俳句の群読シナリオを作る。 ☆　各班で自分たちが群読にしてみたい作品を一つ選んで下さい。 ・教科書で学習した短歌・俳句4首 ・群読化しやすい俳句4首 から、各班1首を選ぶ。 ☆　意味をよく考えながら，先ほど学習した群読の技から，1つ選んで，群読シナリオを作ってみましょう。 (作る時のきまり) ①クラス全員で読める短歌・俳句にする。 ②必ず一つ以上の技を入れる。 ③なぜその技を使ったか、理由を考える。 ④できたシナリオはワークシートに清書する。	○　教科書で学習した短歌・俳句や，初めて見ても意味の分かる俳句の中から，群読化できそうな作品を選択肢の中に取り入れるようにする。 ○　作る時のきまりを明示することで，活動に見通しと目的意識をもてるようにする。 ○　なぜその技を使ったかを考えさせることで，作品の意味理解につながるようにする。	ワークシート(シナリオ用短歌・俳句) ワークシート(清書用)
できる 10分	4　できたシナリオをクラス全員で読んでみる。 ☆　できた作品を紹介してください。 ・使った技 ・その技を使った理由 ☆　全員で読んでみましょう。	○　各班のシナリオは，ワークシートをビデオカメラで撮影したものを，液晶プロジェクターでスクリーンに投影して紹介する。 ○　読んだ後，その出来を聞いて確認できるようにICレコーダーで録音する。	ビデオカメラ 液晶プロジェクター IC レコーダー
まとめる 5分	4　本時学習の感想を発表する。 ☆　今日の授業の感想を発表してください。 ・群読にして読んでみると面白い。 ・シナリオを作るのは難しかった。	○　感想を発表することで，作品や技を選択することの面白さや難しさに気付くことができるようにする。	

シナリオ　清書用紙　（　　）班

（シナリオ）

（使った技）

（その技を使った理由）

（授業の感想）

☆授業で紹介した群読脚本例　CDトラック4

【たし算読みの例】

全員　松尾芭蕉
全員　五月雨を　あつめてはやし　最上川
1　五月雨を
＋2　あつめてはやし
＋34　最上川

【追いかけ読みの例】

全員　高浜虚子
全員　流れゆく　大根の葉の　はやさかな
1　流れゆく流れゆく
2　流れゆく流れゆく
3　流れゆく流れゆく
全員　大根の葉の
全員　はやさかな

【ひき算読みの例】

全員　松尾芭蕉
全員　閑かさや　岩に染み入る　蝉の声
全員　閑かさや
−3　岩に染み入る
−2　蝉の声

【比べ読みの例】

全員　与謝蕪村
全員　菜の花や　月は東に　日は西に
全員　菜の花や
1　月は東に
2　日は西に

【乱れ読みの例】

全員　正岡子規

全員　赤蜻蛉《とんぼ》　筑波に雲も　なかりけり

§全員　赤蜻蛉（五秒ほどそれぞれの声の大きさ、速さで読む）

1　筑波に雲も

2　なかりけり

☆児童が作った群読脚本　CDトラック5

（A　班）

全員　小林一茶

全員　すずめの子　そこのけそこのけ
　　お馬が通る

全員　すずめの子

1　そこのけそこのけ

2　　そこのけそこのけ

3　　　そこのけそこのけ

全員　お馬が通る

（B班）

全員　小林一茶

全員　すずめの子　そこのけそこのけ

　　　お馬が通る

1　すずめの子

§全員　そこのけそこのけそこのけ（怒ったように読む）

2　お馬が通る

※馬がずんずんと進んでいく様子を表現。追いかけ読みのタイミングを次のように変えると、より効果的。

1　┌そこのけそこのけ

2　│　そこのけそこのけ

3　└　　そこのけそこのけ

また、「すずめの子」は全員で読むより、ソロにしてボーイソプラノの男子などに読ませるとすずめの子のかわいらしさが表現できる。

※大きな馬が小さなすずめを蹴散らすかのように進む様子を表現。「そこのけ　そこのけ」を怒ったように読むのがポイント。

（C　班）

全員　斎藤茂吉
1 2　みちのくの
＋3 4　母の命を
1　一目見ん
＋2　一目見ん
＋3　一目見ん
＋4　一目見んとぞ
全員　ただにいそげる
全員　みちのくの母の命を一目見ん
　一目見んとぞただにいそげる

（D　班）

全員　斎藤茂吉
1　みちのくの
＋2　母の命を
＋3　一目見ん
＋4　一目見んとぞ
全員　ただにいそげる
全員　みちのくの母の命を一目見ん
　一目見んとぞただにいそげる

※C、D班は床に伏した母に一刻も早く会うため道を急ぐ作者・斎藤茂吉の気持ちの高まりを漸増法で表現。
このように短歌は、最後に「わたり」の技法を用いて全文を通して読むとよい。漸増の部分は、次のように三回の繰り返しにして、人数を倍々で増やしていくと、シンプルかつダイナミックな表現となるであろう。
1　一目見ん

＋２　一目見ん
＋３　一目見んとぞ
全員　ただにいそげる

（Ｅ班）
全員　小林一茶
全員　雪とけて村いっぱいの子どもかな
１　雪とけて雪とけて
２　雪とけて雪とけて
３　雪とけて雪とけて
全員　村いっぱいの
§全員　子どもかな（乱れ読み、五回程度）

※雪がどんどんと解けていく様子を追いかけ読みで表現。また、「子どもかな」の部分で、村が春になり喜んで外に出ている子どもたちの様子を乱れ読みで表現。どんな子どもにするか（やんちゃな子ども、お茶目な子ども等）役作りをさせてから読ませると面白い。

高校生のグループ対抗・群読コンテスト

◆新潟県立新潟県央工業高校教諭　片桐　史裕

実践の概要

「山月記」は高校現代文の定番作品である。「現代文」に収録されている作品であるが、文体が漢文調であり、最高潮の場面で主人公・李徴《りちょう》が自分の不遇を漢詩で吟じている。よって、古典群読実践として本書に収録してもらうことにした。

私は今まで十数回「山月記」を授業で取り扱ってきた。しかしいつも生徒たちは文体や漢詩、難解な語句にすんなり入り込めないでいる。そして内容の深いところまで触れられずに終わるのが現実である。今回「山月記」を学ぶにあたり、それなら、内容を分析や解釈するよりも、生徒たちがなかなか入り込めない文体を味わわせるために、群読コンテストを開くことにした。

私の担当しているのは二年生全クラス（五クラス）である。一クラス三〇名から四〇名、工業高校なので、ほとんどが男子である（女子は学年で六名）。三、四名で班を作り、各クラス八から一〇チームの構成となった。

担当する各クラス内のグループごとに脚本を作り、グループ対抗で群読を発表する。聞いているグループはどのチームが一番良かったかを投票する。評価基準は、「山月記の雰囲気がよく表されていたか」である。その投票数から私が「読み誤り・シナリオ不一致」の箇所を減点し、勝敗を決した。

対戦方法は、各クラス八～一〇チームを二つに分けて予選リーグを行う。上位二チームが決勝トーナメントに進出する。

脚本作りは、私が指定した文章（漢詩を含む三箇所）と、「李徴の性格の表れている部分」「自分が虎になった理由を李徴自身で考えた部分」「群読の終わりにふさわしい部分」の三箇所を自分たちで見つけ、それら六箇所をまとめて一本の脚本にする。脚本のもととなる原文をある程度私が選んだ意図は、次の二点である。

①漢詩を是非とも入れ、これを全員に読んでもらいたかったこと。

②全グループ共通の場所を設けることで、グループごとに脚本、読み方の違いが出て、オリジナリティーを比較できること。

生徒たちはこの単元に入る前に行った「群読入門」で、群読の技法を学んだ。シナリオ作成にあたり、初めは学んだ技法を順番に入れているだけのグループもあった。しかし、決勝に残っていくグループは、群読を練習していくうちに「山月記」の雰囲気に合う技法を選び出し、選んだ技法にオリジナリティーを加えて脚本化していった。

勝ち進むには何度も練習しなければならない。自ずと正確に読む意識が出てくる。雰囲気を出すために、声色を使ったり、声を出すタイミングを測ったりしている。こうすることで、文体が自分のものになって、すらすら読めるようになっていく。

それらの脚本のうち、クラスのコンテストで優勝した作品を次に紹介する。この脚本のよかった点は、李徴の心の揺れを表すために余韻を残す場面と、李徴の名乗りの部分が見事であった。

李徴の心の揺れは「碌々として瓦に伍することもできなかった」の部分を乱れ読みにして表している。ここは李徴のプライドは高いが自分の未熟さの原因を、自分で追求している部分である。

また、李徴の名乗りの部分では、「いかにも自分は隴西《ろうせい》の李徴である」の部分である。ここは、虎になった姿の李徴が初めて自分が李徴であると人間の前に姿を現す場面である。ここを一人の生徒が気取り読みをしている。様子をそれらしく見せる気取り読みは技法として教えていなかったのだが、自分たちで考え、李徴の登場場面としてふさわしい雰囲気を出している。

〈群読脚本〉山月記（2年3組優勝チーム）　CDトラック6

A　狷介《けんかい》
＋B　自ら恃《たの》むところすこぶる厚く、
＋C　賤吏《せんり》に甘んずるを
＋D　潔しとしなかった。
全員　狷介自ら恃むところすこぶる厚く、賤吏に甘んずるを潔しとしなかった。

李徴の性格の表れている部分
（各班で探す）

全員　残月の光をたよりに林中《りんちゅう》の草地を通って行ったとき、
A　果たして一匹の猛虎が叢《くさむら》の中から躍《おど》り出た。
全員　虎は、あわや袁傪《えんさん》に躍りかかると見えたが、
全員　たちまち身を翻して、もとの叢に隠れた。
A　「いかにも自分は
全員　隴西《ろうせい》の李徴《りちょう》である」
全員　なぜこんなことになったのだろう。
全員　分からぬ。
―D　分からぬ。
―C　分からぬ。
―B　分からぬ。
AB　偶《たまたま》狂疾《きょうしつ》に因って殊類《しゅるい》と成る
BC　災患相仍《さいかんあいよ》って逃《のが》るべからず
全員　今日は爪牙《そうが》誰《たれ》か敢《あ》えて敵《てき》せんや
A　当時は声跡《せいせき》共に相高《あいたか》かりき
B　我は異物と偽《な》りて蓬茅《ほうぼう》の下《もと》にあれども
C　君は已《すで》に軺《よう》に乗りて気勢豪《ごう》なり

教師が指定した部分	自分が虎になった理由を、李徴自身で考えた部分（各班で探す）	教師が指定した部分

D　此の夕《ゆうべ》渓山明月《めいげつ》に対し

全員　長嘯《ちょうしょう》を成さずして但《た》だ皐《こう》を成すのみ

A B　我が臆病な自尊心と、

B　我が臆病な自尊心と、

C D　尊大な羞恥心とのせいである。

D　尊大な羞恥心とのせいである。

A　己の珠《たま》にあらざることを惧《おそ》れるがゆえに、

D　あえて刻苦《こっく》して磨こうともせず、

A　また、己の珠なるべきを半ば信ずるが故に

§全員　碌々《ろくろく》として瓦《かわら》に伍《ご》することもできなかった。

D　袁傪が嶺南《れいなん》からの帰途には

C　決してこの途《みち》を通らないでほしい。

B　そのときには自分が酔っていて

全員　故人《とも》を

―D　認めずに

―C　襲いかかるかもしれないから。

―B　故人を認めずに襲いかかるかもしれないから。

群読の終わりにふさわしい部分（各班で考える）	教師が指定した部分	

群読を取り入れた大学の英語授業

◆秋田県立大学准教授
草薙　優加

実践の概要

秋田県立大学秋田キャンパスの「英会話」授業（二五名の一年生初心者対象）では、二〇〇六年春より口頭表現、特に発音練習のために英語での群読に取り組んでいる。日本語にはない英語の音、アクセント、抑揚を意識し、かつ楽しく読むために、まず、英語の早口ことばと『マザー・グース』を使って群読を導入した。その後、谷川俊太郎、金子みすゞら、日本の代表的詩人によって書かれた短い詩の英訳を授業の話題に合わせて選び、群読してみた。

時には声だけでなく手拍子、足拍子、身振りなどの身体表現を含めたり、男声、女声の違いによる効果を体感したりしながら、学期半ばまでは教員が用意した脚本を使用して、いくつかの群読技法を体験してもらった。学期後半は詩編を学生に渡し、各グループで脚本を作成してもらい、十分に練習した後に、クラスで発表を行った。

学期を通して群読活動を行ったことで、学生には他のメンバーと息を合わせる協調性、声を出す楽しさ、同じ詩編でも各グループのアイデア次第で、多様な表現が生まれることに気づいてもらえたようである。

本稿で取り上げる「論語」の収録は春休み中だったため、演劇部員三名の協力を得て行った。「論語」は東洋文化における儒教の影響や多言語・多文化間における、ことわざの相似と相違を考える教材として、英語や異文化理解の授業に導入できるだろう。

「論語」は儒教の四書の一つで、孔子と弟子たちの問答や、弟子たちの間の問答をまとめたものである。漢代に集大成され、日本には百済から伝えられたと言われている。ここでは、学問と人格形成を説いた詩編を扱う。

〈読み手〉

・ソロ1、2、3の三名

〈演出ノート〉

・まず、口語訳を読んで詩の内容理解を深める。
・漢文訳は、読み下し調のめりはりをつける。
・英語訳は個々の音（特に日本語にはない日本人学習者にとって難しい発音）、単語レベルでの強弱、文レベルでの強弱と抑揚、文の区切れ目を確認して十分に練習する。また、英語訳は漢文訳に近いスタイルなので、読み下し調のめりはりをつける。
・英語未習者には、英語訳を省いてもよい。
・口語訳は内容に合わせ声の表現を考える。

〈群読脚本〉「論語」第一編（孔子／談　家本芳郎／脚色）　CDトラック7

123　論語　第一編より
123　子《し》曰《いわ》く、
1　学びて時にこれを習う、
123　亦《ま》た説《よろこ》ばしからずや。
2　朋《とも》あり、遠方より来たる、
123　亦た楽しからずや。
3　人知らずして慍《うら》みず、
123　亦た君子ならずや。
123　The Master said,
1　"Is it not pleasant to learn with a constant perseverance and application?"
2　"Is it not delightful to have friends coming from distant quarters?"

3 "Is he not a man of complete virtue, who feels no discomposure though men may take no note of him?"

1 2 先生がいわれた。

1 学んでは適当な時期におさらいをする、いかにも心嬉しいことだね。

2 そのたびに理解が深まって向上していくのだから。

1 親しい友だちが遠い所から尋ねて来る、いかにも楽しいことだね。

2 同じ道について語り合えるから。

1 人が自分を理解してくれなくても気にかけない、いかにも君子だね。

2 凡人にはできないことだから。

「論語」第二編（孔子／談　毛利豊／脚色）

1 2 3 子曰《しいわ》く、

1 学びて思はざれば

2 3 則《すなわ》ち罔《くら》し。

1 思ひて学ばざれば

2 3 則ち殆《あやふ》し。

1 2 3 The Master said,
1 "Learning without thought is
2 3 labor lost;
1 thought without learning is
2 3 perilous."

1 2 3 先生が言われた。
1 いくら学んでも考えなければ、
2 3 物事ははっきりしない。
1 いくら考えても学ばなければ、
2 3 独断に陥って危険だ。

市民サークルで「外郎売りの科白」を群読

◆日本群読教育の会会員
海上　和子

実践の概要

一〇年ほど前には、「ういろう」とは名古屋名産のお菓子、または小田原の箱根登山道近くで販売されている漢方薬という知識しかなかった。その後、音訳と朗読の勉強会で滑舌練習として「外郎《ういろう》売りの科白《せりふ》」に出会った。

その勉強会の発表会のフィナーレで、三〇名ほどの会員で朗読をした。前半の口上の部分は四人の男性がソロで朗読し、早口ことばの部分は全員で読んだ。後半は三名の女性ソロが加わり、変化を出しながら終盤へと盛り上げていった。口上を、一人語りの芸としてではなく、また滑舌練習に終わらせずに、多人数での朗読にして上演したのが新鮮であった。

神奈川県横須賀市の市民サークル「逸見《へみ》群読の会」でも、これを滑舌練習に使っていたが、本書の出版にあたり、ぜひとも群読脚本にして実践してみたいと思い、取り組んでみた。

外郎売りの口上は、元来一人で行う話芸なので、多人数で群読するのは無理な部分がある。そこで、口上の持つ表現のおもしろさや、味わい深さ・趣などを、ソロの部分に残した。また早口ことばの部分は、心地よいリズムや歯切れの良さなどを生かすために、群読の技法を取り入れて、コーラスで読むようにした。

売り手・話し手の話芸に引き込まれ、口上が終わると、後から後から買い手が殺到するという、演じ手も聞き手も楽しい群読脚本を作りたいと思った。さて如何でしょうか。とくと、ご覧あれ！

〈読み手〉

・ソロ　一三名（ソロは一人で通すことも出来る。また1から5までを一名、6から13までを一名として、全体を二名で読んでもよい。さらにソロは、自分のパートだけでなく、コーラスＡＢＣのいずれかに入って読んでもよい。例：1〜4はA、5〜8はB、9〜13はCというように）

・コーラス　A、B、Cは同人数を配分、各グループ五名以上が望ましい。

〈演出ノート〉

・ソロ1〜5は、口上・物売りの科白なので、大衆を前にして見えを切るような感じで読むと雰囲気が出る。また、気取り読みなども適宜入れていくと変化が出る。

・ソロ6、9、10、11、13はリズムに乗って、調子よく読む。

・ソロ7と12はゆっくり読み、他の部分と変化をつける。

・ソロ8は問いかけるように読む。

・A、B、Cの早口ことばの部分は、ことばを粒をたてるように、歯切れよく読む。
・最後の「ういろうは　いらっしゃりませぬかー」の部分は、全員で見えを切るように、観客の方を見つめて、高めにしっかりと声を出すと雰囲気が盛り上がる。

〈群読脚本〉「外郎売りの科白」（二代目市川団十郎　海上和子／脚色）　CDトラック8

1　拙者《せっしゃ》親方と申すは、お立ち合いの中《うち》に、ご存じのお方もござりましょうが、お江戸を立って二十里上方《かみがた》、相州《そうしゅう》小田原、一色町《いっしきまち》をお過ぎなされて、青物町《ちょー》を登りへお出でなさるれば、欄干《らんかん》橋《ばし》虎屋藤《とー》右衛門《えもん》、只今は剃髪《ていはつ》いたして、円斎《えんさい》と名のりまする。

2　元朝《がんちょー》より大晦日《おおつもごり》まで、お手に入れまするこの薬は、昔ちんの国の唐人《とーじん》、外郎《ういろー》という人、わが朝《ちょう》へ来たり、帝《みかど》へ参内《さんだい》の折から、此の薬を深く籠《こ》め置き、持ちゆる時は一粒ずつ、冠のすき間より取り出《い》だす。依《よ》ってその名を、帝より、「透頂香《とーちんこー》」とたまわる。即ち文字《もんじ》には、「いただき・すく・香《におい》」と書いて、「とうちんこう」と申《もう》す。

3　只今は此の薬、殊《こと》の外世《ほかせ》上《じょう》に弘《ひろ》まり、ほうぼうに似《にせ》看板を出《いだ》し、イヤ小田原の、灰俵の、さん俵の、炭俵のと、色々に申せども、平仮名を以て「ういろう」と記《しる》せしは、

ABC　親方円斎ばかり。

4　もしやお立ち合いの内《うち》に、熱海か塔ノ沢へ湯治にお出でなさるか、または伊勢《いせ》参宮《さんぐー》の折からは、

必ず門ちがいなされまするな、お登りならば右の方《かた》、お下りならば左側、八方《はっぽー》が八つ棟《むね》、おもてが三つ棟、玉堂造《ぎょくどうづく》り、破風《はふ》には菊に桐のとうの御紋を御赦免有《ごしゃめんあ》って、系図《けーず》正しき薬でござる。

5　イヤ最前より家名の自慢ばかり申しても、ご存じない方には、正身《しょうじん》の胡椒《こしょー》の丸呑み、白河夜《しらかわよ》船《ふね》、さらば一粒《いちりゅう》食べかけて、其の気味合いをお目にかけましょう。先ず此の薬を、かように一粒《ひとつぶ》舌の上にのせまして、腹内《ふくない》に納めまするとイヤどうも言えぬは、胃・心・肺・肝《かん》がすこやかに成って、薫風咽《くんぷーのんど》よりきたり、口中微涼《びりょー》を生ずるが如し、魚・鳥・きのこ・麺類の食い合わせその外、万病速効あること神の如《ごと》し。

A　さて、この薬、第一の奇妙には、舌のまわることが、銭《ぜに》ごまがはだしで逃げる。ひょっと舌が廻り出すと、矢《や》も盾《たて》もたまらぬじゃ。

B　そりゃそりゃ、そらそりゃ、そりゃそりゃ、そらそりゃ

C　　そりゃそりゃ、そらそりゃ、そりゃそりゃ、そらそりゃ

A　　　そりゃそりゃ、そらそりゃ、そりゃそりゃ、そらそりゃ

B　まわって来たは、まわって来るは、アワヤ喉《こー》、サタラナ舌《ぜつ》に、カ牙《げ》、サ歯音《しおん》、

C　ハマの二つは唇《しん》の軽重《けいじゅー》、開合《かいごー》さわやかに、アカサタナハマヤラワ、オコソトノホモヨロオ。

6　一つへぎ、へぎに、へぎほしはじかみ。盆豆・盆米・盆ごぼう。摘み蓼《たで》・つみ豆・つみ山椒。

書写山《ざん》の社僧正。小米の生噛み、小米《ごめ》の生噛み、こん小米のこなまがみ。繻子《しゅす》・ひじゅす・繻子・繻珍《しゅちん》。親も嘉兵衛《かへー》、子も嘉兵衛、親かへい子かへい、子かへい親かへい。古《ふる》栗の木の古切り口。

A 雨がっぱか、番合羽か。貴様のきゃはんも皮脚絆《きゃはん》、我等がきゃはんも皮脚絆。しっかわ袴《ばかま》のしっぽころびを、三針はりながにちょっと縫うて、ぬうてちょとぶん出せ。

B かわら撫子《なでしこ》・野石竹《のせきちく》。のら如来、のら如来、三のら如来に六のら如来。一寸さきのお小仏《こぼとけ》に、おけつまずきゃるな、細溝《ほそみぞ》にどじょにょろり。

7 京の生鱈《なまだら》、奈良、生まな鰹《かつお》、ちょと四五《しご》貫目。お茶立《た》ちょ、茶立《だ》ちょ、ちゃっと立《た》ちょ、茶立《だ》ちょ、青竹茶筅《せん》でお茶ちゃと立《た》ちゃ。

C 来るは来るは、何が来る、高野《こーや》の山のおこけら小僧。狸百匹、箸《はし》百ぜん、天目《てんもく》百ぱい、棒八《ぼうはっ》百本《ぴゃくぽん》。

A 武具《ぶぐ》・馬具《ばぐ》・武具《ぶぐ》・馬具《ばぐ》・三武具《ぶぐ》・馬具《ばぐ》、武具《ぶぐ》・馬具《ばぐ》・武具《ぶぐ》・馬具《ばぐ》・三武具《ぶぐ》・馬具《ばぐ》

B 武具・馬具・三武具・馬具、武具・馬具・武具・馬具・三武具・馬具

C 三武具・馬具、武具・馬具・武具《ぶぐ》・馬具・三武具《ぶぐ》・馬具

ABC 合わせて武具《ぶぐ》・馬具《ばぐ》・六ぶぐばぐ。

C 菊・栗・きく・くり・三きくくり

A きく・くり・三きくくり

B「　三きくくり

ABC　合わせて菊・栗・六きくくり。

　　麦・ごみ・むぎ・ごみ・三《み》むぎごみ、合わせて麦・ごみ・六麦ごみ。

8　あのなげしの長なぎなたは、誰《た》が長なぎなたぞ。向こうのごまがらは、荏《え》の胡麻殻《ごまがら》か、真ごまがらか、あれこそ、ほんの真胡麻殻《まごまがら》。

A　がらぴい、がらぴい、風車

＋B　がらぴい、がらぴい、風車

＋C　がらぴい、がらぴい、風車

ABC　おきゃがれこぼし、おきゃがれ小法師《こぼーし》、ゆんべもこぼして、またこぼした。

9　たあぷぽぽ、たあぷぽぽ、ちりからちりから、つったっぱ。たっぽたっぽ干《ひ》だこ、落ちたら煮て喰お。煮ても焼いても喰われぬものは、五徳《ごとく》・鉄きゅう・金熊《かなくま》どうじに、石熊《いしくま》・石持・虎熊《とらくま》・虎きす。中にも、東寺《とうじ》の羅生門には、茨木《いばらき》童子が、うで栗五合《ぐりごんごー》つかんでおむしゃる。

ABC　かの頼光《らいこー》のひざ元去らず。

10　鮒《ふな》・きんかん・椎茸・定めてごたんな、そば切り・そうめん・うどんか、愚鈍《ぐどん》な小新発知《こしんぼち》、小《こ》棚《だな》のこ下のこ桶に、こ味噌があるぞ、こ杓子《しゃくし》こもって、こすくってこよこせ。

C「おっと　おっと　おっとがてんだ

B　おっと　おっとがてんだ
A　　おっとがてんだ

11　心得たんぼの、川崎・神奈川・程ヶ谷・とつかは、走って行《ゆ》けば、やいとを摺《す》りむく。三里ばかりか、藤沢・平塚、おおいそがしや、小磯の宿《しゅく》を、七つ起きして、早天《そうてん》そうそう、相州、小田原とうちん香《こう》。

12　隠れござらぬ貴賤群衆《きせんぐんじゅ》の、花のお江戸の花ういろう。あれ、あの花をみて、お心をおやわらぎやっという。

13　産子《うぶこ》・這《は》う子《こ》に至るまで、此のういろうのご評判、ご存じないとは申されまいまいつぶり、角《つの》出せ、棒出せ、ぼうぼうまゆに、うす、杵《きね》、すりばち、ばちばちぐわらぐわらと、羽目を外して今日《こんにち》おいでの何れも様《さま》に、上げねばならぬ、売らねばならぬと、息せい引っぱり、

全員　東方世界の薬の元締《もとじ》め、薬師如来も上覧《しょうらん》あれと、ホホ敬《うやま》って、ういろうは　いらっしゃりませぬかー。

〈発展〉

「外郎売りの科白」は歌舞伎の十八番の一つで、享保三（一七一八）年に二代目市川団十郎がこの丸薬を用いて病を治し、そのお礼として、狂言仕立てにして上演したのが始まりともいわれる。

他の脚本も同じであるが、古典を取り上げる時は、言葉のもつ意味や時代背景、いわれなどを調べて内容の理解を深めると、より一層読みが深まる。また、語り伝えであるためか、原文がいくつかある。漢字の読み方もいろいろとある。インターネットを使っての調べ学習が盛んな時代である。学年や年齢に応じて調べ学習を取り入れ、原文や読みの比較などもさせてみたいものである。

私は、最初に出会った原文を脚色した。

主に早口ことばの部分を群読にし、追いかけと漸増法を取り入れた。「そりゃそりゃ、そらそりゃ」の部分は、次のように言葉をそろえることも出来る。

B　そりゃそりゃ、そらそりゃ、そりゃそりゃそりゃ、そらそりゃ、
C　　そらそりゃ、そりゃそりゃそりゃ、そらそりゃ、そりゃそりゃそりゃ
A　　　そりゃそりゃそりゃ、そらそりゃ、そりゃそりゃそりゃ、そらそりゃ

またソロの5と6の科白が長いようであったら、それぞれを一つに分け、ソロを15にしてもよい。

5　イヤ最前より………お目にかけましょう。
6　先ず此の薬を、………神の如し。
7　一つへぎ、へぎに、………つみ山椒。
8　書写山の社僧正。………古切り口。

「外郎売りの科白」をはじめとして、「がまの油売り」や「バナナのたたき売り」、「南京たますだれ」など、子どもたちはもとより大人でも、日本語のもつ奥深さや味わい、リズムなどを楽しめる話芸がたくさんある。

それらをこれからも群読脚本にして、大いに活用していきたい。

第Ⅱ章

古典群読ア・ラ・カルト

中学生・市民による「古典ミニ群読」

◆富山県滑川市立滑川中学校教諭

毛利　豊

実践の概要

中学三年生の国語科で久しぶりに選択授業を担当することになった。私は迷わずに群読をすることにした。

第一時では、自己紹介やガイダンス、群読概論のあと、脚本「地引き網」などで群読体験をした。第二時は、脚本「ライオン」や「声のものさし」などで、声量の調節を楽しみながら学習した。第三時からは、俳諧・万葉短歌などを素材とし、脚本づくりに挑戦した。第四時では各自が作った脚本を印刷し、みんなに配布した。音唱してみて、脚本作者や音唱者が感想を言い合った。その話し合いの結果を、次のような「教訓」にまとめた。

①意味もなく間をとらない。②読み手の指示は複雑な＋－を書くより、実際に読む者を記した方が分かりやすい。③原文をくり返す箇所を設けると効果的である。④終末効果は、（ひき算で静かに余韻を残すよりも）たし算で盛り上げる方がやりやすい。⑤少しずつずれる微妙な「追いかけ」読みでは、音

唱が困難になる。これらを踏まえて、秋の文化祭に向けた脚本づくりに全員で取り組んだ。

また、富山県には、市民が市民に教える「自遊塾」という文化講座がある。市民による自主運営を基本とし、指導者も〝県民教授〟という厳《いか》めしいネーミングではあるが、すべて市民ボランティアである。月に一回、五名から一〇名ほどが集い、脚本をもとに呼吸を合わせて気持ちよく声を出す。はじめは拾い読みだったり、分読の要領が飲み込めなかったり、息が合わなかったりしても、数か月後からは、初見ですらすら読めるようになる。人間の潜在能力、回復力には目を見張るものがある。

さらに日本群読教育の会の全国研究集会・神奈川大会の事前研修会（二〇〇八年二月、横浜市）など、各地の群読講座に招かれ、参加者とともに群読を楽しんだ。

本章で紹介するさまざまな古典を素材にした群読の声は、以上の受講生や参加者のみなさんによるものである。その他、日本群読教育の会役員による群読の声も収録した。朗唱の参考にしていただきたい。

なお本章の群読脚本は、私が制作した。

【1　万葉集】

「長歌」山部赤人　　CDトラック9、CDトラック10

富士山を讃えるこの歌は、叙景歌にすぐれ絵画的作風で知られる万葉歌人・赤人の代表作である。五七調を重ね、漸層しながら盛り上げ、富士を言祝ぐさまは圧巻である。

〈読　み　手〉ソロ1から8の八人。脚本中盤では、読みが男女に分かれる。
〈演出ノート〉出だしを、高らかに宣言するように語尾を上げ、伸ばす。ラストは漸増しながら全員で詠嘆的に言い放つ。ただし、途中の日月や雲が遮られるところは語尾を下げる。

全員　万葉集　長歌　山部赤人
1 2　天地の　分かれし時ゆ
3 4　神《かむ》さびて　高く尊き
5 6　駿河なる　布士《ふじ》の高嶺を
7 8　天の原　振り放《さ》け見れば
男　渡る日の　影も隠らひ
女　照る月の　光も見えず
男　白雲も　い行きはばかり
女　時じくそ　雪は降りける
1 2　語り継ぎ
＋3 4　言い継ぎ行かむ
全員　不尽の高嶺は
1　反歌

2　田子の浦ゆ
3　うち出《い》でてみればま白にそ
4　富士の高嶺に雪は降りける
5　田子の浦ゆ　うち出でてみれば　ま白にそ　富士の高嶺に雪は降りける

〔語釈〕＊時ゆ＝時から　＊神さびて＝神々しくて　＊天の原＝天空を　＊振り放け見れば＝振り仰いで見やると　＊渡る日の～い行《ユ》きはばかり＝陽光も月光も雲行も遮るほどの高さで　＊時じくそ雪は降りける＝季節を問わず雪を頂いている　＊反歌＝要旨を反復する短歌を長歌の後に付けた　＊雪は降りける＝降り積もっている

「長歌」山上憶良　CDトラック11

おびただしい恋歌を収める『万葉集』の中で、親（しかも男親）が子への愛を歌う、異色の長歌。「貧窮問答歌」など社会性のある歌とともに、憶良の独自性が光る。

〈読　み　手〉ソロ1、2、3、4の四人。母親、父親は男女でソロと兼ねてもよい。

〈演出ノート〉母親は女声、父親は男声の基本を押さえてから、ソロ四人のキャスティングをする。

全員　山上憶良

母親　瓜食めば　子ども思ほゆ
父親　栗食めば　まして偲《しぬ》はゆ
　1　何処《いずく》より
＋2　来たりしものそ
＋3　眼交《まなかい》に
＋4　もとな懸《か》かりて
全員　安眠《やすい》し寝《な》さぬ
　1　反歌
父親　銀《しろかね》も　金《くがね》も玉も　何せむに
＋母親　勝れる宝　子にしかめやも
　2　銀も　金も玉も　何せむに　勝れる宝　子にしかめやも
〔語釈〕＊眼交にもとな懸かりて＝眼前にちらついて　＊しかめやも＝及ぼうか、いや及ばない

「東歌《あずまうた》」より　CDトラック12

東国農民の素朴な歌が、東歌である。一首目は、若者が恋人を思う気持ちとも、母親がわが子をいとおしむ気持ちとも言われる。「さらさら」は、水音と「更に更に」を掛ける。二首目は、農民娘が若殿

とのことを想っているが、労働の厳しさに耐えるための希望的夢想との指摘もある。三首目は、旅立つ夫を気遣う妻の優しい心情を歌う。

〈読　み　手〉ソロ1、2、3の三人。ただし二首目は、男女で分担する。

〈演出ノート〉語尾を伸ばすようにすると、しみじみとしたいとおしさが表現できる。

全員　東歌
1　多摩川に
2　さらす手作り
3　さらさらに
1　さらさらに
2　　さらさらに
3　　　さらさらに
1　何そこの児《こ》の
23　何そこの児の
全員　ここだ愛《かな》しき
1　多摩川に　さらす手作り　さらさらに　何そこの児の　ここだ愛しき

女　稲つけば　かかる吾《あ》が手を　今夜《こよい》もか
男　殿の若子《わくご》が　取りて嘆かむ
女　稲つけば
男　稲つけば
女　かかる吾が手を　今夜もか
男　　　　　　　　　今夜もか　殿の若子が
女　殿の若子が　取りて嘆かむ
男　　　　　　　取りて嘆かむ
女　稲つけば　かかる吾が手を　今夜もか　殿の若子が　取りて嘆かむ

1　信濃路は
2　今の墾道《はりみち》
3　刈り株《ばね》に　足踏ましなむ
1　足踏ましなむ　刈り株に
2　　　　　　　　刈り株に　足踏ましなむ
3　　　　　　　　　　　　　足踏ましなむ　刈り株に。
全員　履着《くつは》け　わが背《せ》

1　信濃路は　今の墾道《はりみち》　刈り株《ばね》に　足踏ましなむ　履着《くつは》け　わが背

〔語釈〕＊手作り＝手織りの布　＊取りて嘆かむ＝取って嘆かれることだろうよ　＊今の墾道＝開いたばかりの新しい道　＊足踏ましなむ＝足を傷めるでしょう　＊背＝愛しい人よ

【2　説話文学】

『竹取物語』（冒頭）　CDトラック13

作者未詳の最古の創作物語。「物語の祖《おや》」とも言われ、後代のあらゆる文学ジャンルの要素を含む。悪女説、聖女昇天から聖母マリア伝説の伝播、賤民の貴族階級への侮辱・復讐テーマ説など、謎が謎を呼び、今も話題に事欠かない伝奇説話である。

〈読　み　手〉ソロ三人。1は翁、2は情景、3はかぐや姫を表現する。

〈演出ノート〉物語は、役割読みを原則とする。

全員　竹取物語

1　今は昔、竹取の翁《おきな》といふものありけり。
野山にまじりて竹を取りつつ、よろづのことに使ひけり。
名をば、さぬきのみやつことなむいひける。

2　その竹の中にもと光る竹なむ一筋ありける。

1　あやしがりて、寄りて見るに、

12　筒の中光りたり

1　それを見れば、

23　三寸ばかりなる人、いとうつくしうてゐたり。

〔語釈〕＊もと＝根元が　＊あやしがりて＝不思議に思って　＊いと＝大変　＊うつくしうて＝可憐な様子で　＊ゐたり＝座っていた。

『御伽草子』より「浦島太郎」（冒頭）　CDトラック14

原作では、自分が釣った亀に恩を着せて放してやる、玉手箱の煙を浴びた浦島は鶴になって飛んでゆく（鶴亀の対）、浦島太郎の姓名のいわれも明かす。いろいろな点で興味深い。

〈読　み　手〉1、2浦島太郎（説明と言動）　3、4情景　5亀

〈演出ノート〉固有名詞や数詞は、楷書読み（明瞭な発音でくっきり読む）をする。

全員　御伽草子より浦島太郎

1　昔、丹後《たんご》の国に浦島といふ者侍りしに、その子に浦島太郎と申して、歳の齢《よわい》、二十四五の男

ありけり。
2 明け暮れ、海のうろくづを取りて、父母を養いけるが、ある日のつれづれに、釣りをせんとて出でにけり。
3 浦々島々、入江入江、
4 　入江入江、浦々島々、
3 　　浦島浦島、入江入江、
1 至らぬ所もなく、釣りをし、貝を拾ひ、みるめを刈りなどしけるところに、
5 ゑしまが磯といふ所にて、亀を一つ釣り上げける。
1 浦島太郎、この亀に言うやう、
2 「なんぢ、生《しょう》あるものの中にも、鶴は千年、亀は万年とて、命久しきものなり。たちまち、ここにて命を断たんこと、いたはしければ、助くるなり。常には、この恩を思ひ出すべし」
1 とて、この亀をもとの海に返しける。
2 かくて、浦島太郎、その日は暮れて帰りぬ。

〔語釈〕＊丹後の国＝今の京都府の北部　＊侍りしに＝ございましたが　＊うろくづ＝魚　＊みるめ＝海藻の名前　＊ゑしまが磯＝淡路島の岸壁

【3 漢文・漢詩】

孟子

CDトラック15

孟子は、内容的には孔子、曽子の説を敷衍しながら、さらに巧みな比喩を交えた雄弁術を加えた。徳治主義の根本に自己の修身を置き、俗物根性を排して寡欲を置く孟子の姿勢があらわれている。諸葛孔明も「無欲でなければ志を保つことはできない」と子に言い残したとか。私は若いころ、家本芳郎氏から結婚祝いとして、②を贈られた。

〈読　み　手〉ソロ1、2、3の三人。

〈演出ノート〉後半は短い句の連続となるので、間を空けないように間髪入れずに読むようにする。そのためには、自分の出番でない部分も心でいっしょに読むことが要求される。心をつなげ呼吸を合わせる。

〈その①〉

全員　孟子

1　孟子曰《いわ》く、

23　「君子に三楽あり、

全員　而《しこう》して、天下に王たるは、与《あずか》り存《そん》せず。

1　父母ともに存《そん》し、兄弟故《けいていこと》なきは、一楽なり。
2　仰いでは天にはじず、ふしては人にはじざるは、二楽なり。
3　天下の英才を得て之を教育するは、三楽なり。
1 2　君子に三楽あり。
全員　而して、天下に王たるは、与り存せず」

〔語釈〕＊君子＝人格者

〈その②〉

1　人を愛して親しまずんば、
全員　其の仁《じん》に反《かえ》れ。
2　人を治めて治まらずんば、
全員　其の智に反れ。
3　人を礼して答えずんば、
全員　其の敬に反れ。
1　人を愛して　親しまずんば　仁に
2　治めて　治まらずんば　智に
3　礼して　答えずんば、其の　敬に

全員　反れ。

〔語釈〕＊愛して親しまずんば＝こちらが愛しても、相手が親しんでこなければ　＊反れ＝省みよ

＊治めて＝指導して　＊礼して＝相手に礼儀を尽くしても

老子

CDトラック16

「無為自然たれ」と説く道教の始祖・老子の思想は、東洋的なるものの極地である。①の宇宙の生成を説く陰陽説は、不思議とビックバンやダークマターなどの最新の宇宙論を連想させる。また「指の一はじきが新しい宇宙を生み出す」（アラン）という警句も。②の逆説的処世訓は、歯切れのよい名調子である。

〈読　み　手〉ソロ1、2、3、4の四人。

〈演出ノート〉似た句の反復が多いので自然にリズムが生まれる。速さを一定にする読み方と、次第に加速する読み方との印象上の違いを実際に読み比べて調べてみよう。

〈その①〉

全員　老子

1　道は一を生じ、一は

＋2　二を生じ、二は
＋34　三を生じ、三は
全員　万物を生ず。
1　万物は陰を負いて陽を抱《いだ》き、冲気《ちゅうき》を以て、和を為す。
2　万物は陰を負いて陽を抱き、冲気を以て、　和を為す。
3　万物は陰を負いて陽を抱き、冲気を以て、　和を為す。
4　万物は陰を負いて陽を抱き、冲気を以て、和を為す。
全員　和を為す。

〔語釈〕＊冲気＝生成の力が混じり合った深い気　＊和をなす＝調和している

〈その②〉
1　つま立つ者は立たず、
2　跨《また》ぐ者は行かず。
3　自らあらわす者は明らかならず、
4　自らよしとする者は顕れず。
1　自らほこる者は功なく、
2　自らほこる者はひさしからず。

3　その道におけるや、余食贅行《ぜいこう》と曰《い》う。
4　物或いはこれを悪《にく》む。
全員　故に道にある者は処《お》らず。

〈語釈〉＊つま立つ者は立たず＝無理につまだつ者は長く立っていることが出来ない　＊跨ぐ者は行かず＝大股で急ぐ者は疲れて遠くまで行けない　＊余食贅行＝無駄な料理と余計な飾り　＊道にある者は処らず＝悟った人はそんなところにはいない

朱熹（「小学」）　CDトラック17

曾子の弟子が孔子と曾子の孝道についての問答を記録した開宗明義章の「孝教」の一節が原典である。それが後に朱熹の「小学」にも再録された。生命の根元、愛の源泉は、「親」である。

〈読　み　手〉ソロ1、2、3、4の四人。

〈演出ノート〉ラストはきっぱりと断定するように言う。

全員　朱熹
1　身体髪膚《しんたいはっぷ》、之《これ》を父母に受く。
全員　敢《あ》えて毀傷《きしょう》せざるは、孝《こう》の始めなり。

1　身を立て
＋2　道を行い、
＋3　名を後世に揚《あ》げ、
4　以《もっ》て父母を顕《あらわ》すは、
全員　孝の終わりなり。

〔語釈〕＊身体髪膚＝体の全て　＊毀傷＝傷つける　＊父母を顕す＝父母の名を高める　＊孝の終わり＝究極の親孝行

韓非子（「矛盾」）　CDトラック18

後に、故事成語「矛盾」となった。儒家と法家が両立しないことを喩えた。
〈読み手〉ソロ三人（1楚人の説明　2楚人の声　3客）。
〈演出ノート〉3の客は、感情を込めて揶揄するように読む。

全員　韓非子　矛盾
1　楚人《そひと》に盾と矛とを鬻《ひさ》ぐ者あり。
これを誉《ほ》めて曰《いわ》く。

2　「我が盾の堅きこと、よく陥《とお》すものなきなり」
1　また、その矛を誉《ほ》めて曰く。
2　「我が盾の利なること、物に於《お》いて陥《とお》さざるなきなり」
1　ある人曰く。
3　「子の矛を以て、子の盾を陥《と》ほさば如何」
1　その人、応ふること、能《あた》はざるなり。

韓　愈（「伯夷の頌」）　CDトラック19

伯夷は、王に非戦の道義を説いたが受け入れられず、信念を貫いて餓死した。その節操の固さを、後に韓愈が褒め讃えたものである。高校生の時、受験参考書で見て感銘し、漢学者である著者に問い合わせた。やがて着眼の良さを褒めて出典を教えるハガキが来た。

〈読　み　手〉ソロ1、2、3、4の四名。ほかにアンサンブル。

〈演出ノート〉ラスト「一人《いちにん》のみ」は、ゆっくり大げさに気取って読むと、強調する終末効果を生む。

ソロ1　士の特立《とくりつ》独行、義《ぎ》に適《かな》ふのみにして、
ソロ2　人の是非を顧みざるは、皆豪傑の士、

ソロ3 4　道を信じること篤《あつ》くして、自らを知ること明らかなる者なり。
ソロ1　一家これを非とするも、力行《りきこう》して惑わざる者は寡《すくな》し。
＋ソロ2　一国一州これを非とするも、力行して惑わざる者に至りては、蓋《けだ》し天下に一人《いちにん》のみ。
＋ソロ3 4　もし世を挙げてこれを非とするも、力行して惑わざる者に至りては、則《すなわ》ち千百年にして
アンサンブル　乃《すなわ》ち一人《いちにん》のみ。

〔語釈〕＊特立独行＝独立独歩に同じ　＊義に適ふ＝正義にかなう　＊人の是非を顧みざる＝人の毀誉褒貶を気にしない　＊自らを知ること明らかなる者＝自分の正しさを明確に自覚する人

佐藤一斎（『言志四録』）　CDトラック20

江戸末期の大儒・佐藤一斎の漢文随想録『言志四録』はわが国最高の語録とされる。門下に佐久間象山・松田松陰、さらにその門下に西郷・西南雄藩の志士たちを多数輩出した。陽明学に基づき立志を強調している。

ここでは学問の大切さ、交友関係を述べた部分を取りあげた。

（その①）

〈読　み　手〉ソロ1、2、3、4のソロ四人。ほかにアンサンブル1から4が数名ずつ。
コーラスは全員で。

〈演出ノート〉異文追いかけ（▽）は、先行者は少し待って、ラストでそろえる。

全員　佐藤一斎

アンサンブル1　理到るの言は、人服さざるを得ず。

ソロ1　然れども、其の言、激するところあれば則ち服せず。

ソロ2　強うるところあれば則ち服せず。

ソロ3　差し挟むところあれば則ち服せず。

ソロ4　便とするところあれば則ち服せず。

ソロ1　▽激するところあれば　則ち服せず。

ソロ2　▽　強うるところあれば　則ち服せず。

ソロ3　▽　差し挟むところあれば　則ち服せず。

ソロ4　▽　便とするところあれば　則ち服せず。

アンサンブル1　凡そ理到りて人服せざれば、君子は、

＋アンサンブル2　必ず自ら省みる。

コーラス　　我まず服して、しかる後に人、之に服す。

〔語釈〕＊理＝道理　＊差し挟むところ＝裏に含むところ　＊便とするところ＝その話に便乗して自分の利益を考えるところ

（その②）

〈読　み　手〉ソロ1、2、3、4のソロ四人。ほかにアンサンブル1から4が数名ずつ。
コーラスは全員で。

〈演出ノート〉一文は句点で切らずにスムーズにつなぐ。心でともに読むと、出番で出遅れない。

ソロ1　　徒《いたず》らに我を誉むる者は、
アンサンブル1　　喜ぶに足らず。
ソロ2　　徒らに我を謗《そし》る者も、
アンサンブル2　　怒るに足らず。
ソロ3　　誉めて当たる者は、
アンサンブル3　　我が友なり。宜しくつとめて以て其の実を求むべし。
コーラス　　求むべし。
ソロ4　　謗って当たる者は、

アンサンブル4　我が師なり。宜しく敬して以て其の訓《おしえ》に従うべし。

コーラス　従うべし。

〔語釈〕＊宜しくつとめて～＝ぜひとも誉められた点が本当であるように努力すべきである　＊宜しく敬して～＝ぜひともうやまってその人の教えに従うべきである

（その③）

〈読　み　手〉ソロ1、2、3、4、5の五名。

〈演出ノート〉最後の「朽ちず」の前に間を置く。すると聞き手の興味をひき、訴える力が増す。

1　少にして学べば、

2 3　則《すなわ》ち壮にして為すあり。

4　壮にして学べば、

5 1　則ち老いて衰えず。

2　老いて学べば、

3 4　学べば、

5　則ち死して

1 2　死して

全員　朽《く》ちず。

【4　江戸の笑い話】

『醒睡笑』　CDトラック21

江戸時代に編まれた笑い話全集である。後の落語のネタともなった。

（その①）

〈読み手〉ソロ三人（1語り　2泥棒その一　3泥棒その二）。

〈演出ノート〉「　」で表したセリフは、感情を込めてリアルに読む。

全員　醒睡笑《せいすいしょう》

1　盗人《ぬすびと》、物をとりすまして、人なき所にあつまり、
それぞれに資財をわけどりにしけるが、

2　「ただ今までありつる身のくひが見えぬ、異な事や」と言ふ。

1　一人、つらをふりふり、

3　「あら不審《ふしん》や、誰もこのうちに盗みさうなる者はないに」と。

〈語釈〉＊資材＝盗品　＊わけどり＝分け合う　＊くひ＝手ぬぐい　＊つらをふりふり＝顔を横にふ

（その②）

〈読　み　手〉ソロ三人（1語り　2百姓　3隣村の百姓）。

〈演出ノート〉ラストのセリフは小声で言うと聞こえなくなるので、無声音で読む。

1　田夫《でんぷ》、畠《はた》をうつ。隣郷《りんごう》の百姓、通りあはせ、
3　是《これ》は何を蒔《ま》くぞ
1　といふに、かの畠《はたけ》打ち、こで招きし、
2　「あ、声が高ひ。低う低う」
3　さては世に稀《まれ》なるから物の種をもうゆるにやと思ひ、「心得たり」
1　と、近く寄りたれば、いかにもをのれが調子をひきく、
2　「大豆《まめ》を蒔《ま》く。鳩が聞くほどに」

〔語釈〕＊田夫＝百姓　＊隣郷＝隣村　＊こで招き＝手招き　＊世に稀なるから物の種をもうゆる＝世にも稀な物の種でも蒔いているのか　＊調子をひきく＝声をひそめてささやいた　＊鳩が聞くほどに＝鳩が聞くとマズい

（その③）
〈読　み　手〉ソロ三人（1語り　2亭主　3客）。
〈演出ノート〉「　」で表したセリフは、感情を込めてリアルに読む。

1　客来《きた》るに、亭主出《い》でて、
2　「飯はあれども、麦飯《むぎいい》じゃほどに、いやであらふず」
3　「われは生得《しょうとく》、麦飯が好きじゃ、麦飯ならば三里も行きて食はふ」
1　さらばとて振る舞ひけり。
1　また、ある時、件《くだん》の人、来《きた》る。
2　「そちは麦飯が好きじゃほどに、米の飯はあれども、出さぬ」
3　「いや、米の飯ならば、五里も行かふ」
〈語釈〉＊生得＝生まれつき　＊件の人＝この男が　＊五里も行かふ＝五里行っても食べよう

（その④）
〈読　み　手〉1語り　2忠告者　3大食漢
〈演出ノート〉「　」で表したセリフは、感情を込めてリアルに読む。

1　食を過ごす人に向かひ、

2　「あまり飯を多く参るが笑止《しょうし》なよ。臨時に米の入《い》ることなれば第一損なり。されば薬なればよし、大毒にてかれこれ悪《わ》ろし」

3　「それは、たれの指南ぞ」

2　「老釈迦の説なり。『天上天下、飯《いい》が毒損《どくそん》(唯我独尊《ゆいがどくそん》)』」

〔語釈〕＊笑止なよ＝よくない　＊(米の)入る＝要る　＊薬なればよし＝薬にならぬばかりか　＊かれこれ＝どの点から見ても　＊指南＝指図　＊老釈迦＝お釈迦様　＊飯が毒損＝唯我独尊のもじり

【5　詩】

水　黒田如水　　CDトラック22

豊臣秀吉の懐刀・黒田勘兵衛の処世訓と伝えられる。水の性質と様態に人のあり方を重ねる隠喩詩である。後に洗礼を受けクリスチャンになったのは、何か因縁めいている。

〈読　み　手〉ソロ1から8の八名。ほかにC（コーラス隊）。

〈演出ノート〉湧き出てさまざまに躍動する水の様を力強く表現する。初めは泉のせせらぎが次第にあふれ波立つ様を写実的に、ラストでは世界に広がり満ちあふれている水の存在感を観念的に力強く表現する。

1　水
＋2　水
＋3 4　水
＋5〜8　水
§＋C　水
全員　水

1　自ら活動して他を動かしむるは、水なり。
全員　水なり！
2　常に己の進路を求めて止まざるは、水なり。
全員　水なり！
3　障害に逢ひて激しく其の努力を倍加するは、水なり。
全員　水なり！
4　自ら潔くして他の汚濁を洗ひ、清濁合わせ入るる泉あるは、水なり。
全員　水なり
1　水なり

＋2～6　水なり
全員　水なり

初恋　島崎藤村

CDトラック23

明治時代の新体詩の代表格、七五調の文語定型詩である。若い男女のときめきを歌い、どの時代の中学校教科書にも必ず掲載され続けた超ロングセラーである。

〈読み手〉ソロ1、2、3、4の四名。

〈演出ノート〉各連の終わりを全員で唱和し、ラストは最初の連を復唱することで、全体を調える。

全員　初恋　島崎藤村

1　まだあげ初めし前髪の　林檎のもとに見えしとき
前にさしたる花櫛の　花ある君と思ひけり

全員　花ある君と思ひけり

2　やさしく白き手をのべて　林檎をわれにあたへしは
薄紅の秋の実に　人こひ初めし初めなり

全員　人こひ初めし初めなり

3　わがこころなきためいきの　その髪の毛にかかるとき
　楽しき恋の盃を　君が情けに酌みしかな
全員　君が情けに酌みしかな

4　林檎畠の樹の下に　おのづからなる細道は
　誰が踏みそめしかたみぞと　問ひたまふこそこひしけれ
全員　問ひたまふこそこひしけれ

全員　まだあげ初めし前髪の　林檎のもとに見えしとき
　前にさしたる花櫛の　花ある君と思ひけり

【6　その他】

十七か条憲法　聖徳太子　CDトラック24

「和を以て尊しとなす」を、さらに具体的な行動の仕方、考え方として説き諭している。この「寛容と謙虚」の精神は、役人の「心得」に限らず、私人の処世訓としても示唆に富む。

〈読　み　手〉ソロ1、2の二名。
〈演出ノート〉二人で簡単にできる脚本にした。声の重ね具合やテンポ・緩急を相談して取り組む。

1
2　十七か条憲法　聖徳太子
1　十に曰く、心の怒り（忿）を絶ち、面《おもて》の怒り（瞋）を棄てて、人の違《たが》うを怒《いか》らざれ。
1
2　人みな心あり、心おのおの執《と》ることあり。
1　彼、是《よし》んずれば、
2　すなわち我は非《あし》んずる、
1　我、是とするところ、
2　すなわち彼は非とする。
1　我、必ずしも聖《ひじり》にあらず、
2　彼、必ずしも愚かにあらず、
1
2　共にこれ凡夫《ただひと》のみ。
1　是非《ぜひ》の理《ことわり》、たれかよく定むべき。
2　あいともに賢愚《けんぐ》なること、鐶《みみがね》の端《はし》なきが如し。
1　是《ここ》を以て、彼《か》の人はいかなるといえども、かえって我が失《あやまち》を恐れよ。
2　我、独り得たりといえども、
1　我、独り得たりといえども、

2　衆《もろもろ》に従いて

1　衆に従いて

1 2　同じく行え。

〔語釈〕＊人の違《たが》うを＝人が自分に逆らうのを　＊あいともに～の如し＝互いに賢愚である様は、耳鐶のどこが初めで終わりか分からないのと同じである　＊我、独り得たりといえども＝自分だけが道理にかなっていると思っても

『古今和歌集』仮名序　紀　貫之

CDトラック25

「和歌」の存在価値を述べ、「文学」のアイデンティティを主張した文学論として名高い。

〈読み手〉ソロ1、2、3、4の四名。

〈演出ノート〉四名のソロで、時に数人で声を重ね、時に全員で読む。少人数でも読める。学習班の中で音読みの練習をかねて簡便に扱うことができる。

1　やまと歌は、人の心をたねとして、

2 3 4　万《よろづ》の言の葉とぞなれりける。

3　世の中にある人、

4　ことわざしげきものなれば、
1　心に思ふことを、
2　見るもの、
23　聞くものにつけて、
234　言ひ出だせるなり。
1　花に鳴く鶯、
2　水に住むかはづの声を聞けば、
34　生きとし生けるもの、
全員　いづれか歌をよまざりける。
1　力をも入れずして天地《あめつち》を動かし、
2　目に見えぬ鬼神をもあはれと思はせ、
3　男女の仲をもやはらげ、
4　猛き武士の心をもなぐさむるは
全員　歌なり。

〔語釈〕＊やまと歌＝和歌　＊たね＝根本　＊よろづの言の葉＝多くの言葉　＊ことわざ＝事件

「自由新聞　社説」明治一五年七月五日より　CDトラック26

明治期の新聞社説である。署名はないが植木枝盛の筆だろうと言われている。当時、駅舎などではこれらを朗読する紳士たちの声が聞かれたという。西洋の人権思想をふまえ「生存権が諸権利の淵源である」と明快に説いている。対句や漸増を含む格調高い名文である。

〈読み手〉ソロ1、2、3、4の四名。

〈演出ノート〉元が一文の箇所は、行が変わっても途切れないで読む。声が増減するだけである。

1　生の道に合へる、
12　之を善と謂《い》ひ、
3　生の道に違《たが》ふ、
34　之を悪と謂ふ。
1　人の世にある、
12　唯だ生を是れ計り、
1234　唯だ福を是れ求むるのみ。
1　故に生活は人間最大一の権利にして、
　自余《じよ》の諸権利の由りて生ずる、淵源《えんげん》なり。

2 人に生活の権ありといえども、其の身の自由を得ざれば、
何を以て此の最大一の権利を達するを得んや。
1 故に之を行ひ、
2 之を為し、
3 之を言ひ、
4 之を論じ、
1 2 或いは進み、
3 4 或いは退く、
1 2 3 4 凡そ生活の道に合《ごう》すれば、いずくに行くとして可ならざるなし。
1 ここに於いてか、所謂、行為の自由、
1 2 言論の自由、
1 2 3 保身の自由等の
1 2 3 4 諸権利を生ず。

〔語釈〕＊生の道＝人を生きさせる方途　＊自余の諸権利の由りて生ずる淵源なり＝（生存権は）そこから他のいろいろな権利が発生する根源である

第Ⅲ章

古典群読の最高峰
―平家物語の世界

小学六年生が挑んだ「壇ノ浦の合戦」

◆宮崎県都農町立都農南小学校教諭
坂尾　知宏

実践の概要

六年生の国語教科書には、「短歌と俳句」の単元で、文語文が登場する。また社会科では、源平の合戦について学習する。これら二つの学習の発展として、今回平家物語の群読に挑戦した。

宮崎県の椎葉村には平家の落人伝説が残っている。また、「壇ノ浦の合戦」は九州に一番近い場所で行われた合戦である。そこで、子どもたちには親近感のわく脚本と考え取り上げることにした。

六年生一クラス二三名、一二月の発表集会の実践である。それまで毎日、朝の会で二人読みなどの簡単な群読に取り組み、群読の基本的な技法については、理解・習得してきた。本脚本は、様々な技法が盛り込まれており、身に付けた群読の技能を試すには絶好の教材である。「六年生にふさわしい、かっこいい群読をやってみよう！」と呼びかけ、子どもたちの意欲を引き出した。

脚本は、家本芳郎先生の原作に少し脚色を加えた。まず、子どもたちが入場の際には、「いざ、出陣！」「ヤーッ！」のかけ声で舞台左右から入場することで場の雰囲気を盛り上げた。また、冒頭の高出し部

「平家物語　巻の十一より　壇ノ浦の合戦」など、本来一人で読むべき部分のいくつかを、ボリュームアップして勢いづけるために、二人にした。さらに、ほら貝の音色は、携帯電話の着メロを聞かせ、イメージがつかめるようにした。発表当日には、源平役の子どもは全員、赤白のはちまきをしめ、代表各一人に赤白旗（運動会用の団旗）を持つことで役になりきることができるようにした。

一番苦労したのは、合戦の勇ましい様子が描かれている前半部と、平家滅亡を叙情的に表した後半部の表現にメリハリをつけることである。後半部は感情をこめながら、抑揚をつけるよう指導した。

発表は大成功。「小学生でも本格的古典群読はできる！」という確証を得た実践であった。

「壇ノ浦の合戦」『平家物語』巻の十一より（家本芳郎／編　坂尾知宏／脚色）　CDトラック27

〈読み手〉

・ナレーター（N1、N2、N3、N4）四名　・鐘、ほら貝の音（E）一名（一部N1を兼ねる）

・源氏方　八名　・平氏方　八名　・源平ナレーター（源平N）一名

〈演出ノート〉

・源氏方、平氏方、源平ナレーターを合わせて、ABCDEFの六つのパートに分け、PA、PB、PC、PD、PE、PFとする。

・源平の役は、赤白のはちまきをしめる。赤・白旗を持って「いざ！　出陣！」→「ヤーッ！」のかけ声で左右から入場。

〈群読脚本〉

　　　　(舞台左右で待機)

E　いざ！　出陣《しゅつじん》！

全員　ヤーッ！(右手を挙げながら左右から入場)

E　(鐘《かね》の音)

N2　祇園精舎《ぎおんしょうじゃ》の鐘《かね》の声、諸行無常《しょぎょうむじょう》の響《ひび》きあり。

N3　沙羅双樹《さらそうじゅ》の花の色、盛者必衰《しょうじゃひっすい》のことわりをあらわす。

N3　┌奢《おご》れる者は久《ひさ》しからず。ただ春の世《よ》の夢《ゆめ》のごとし。

N4　└奢れる者は久しからず。ただ春の世の夢のごとし。

N1E　平家物語　巻《まき》の十一より　壇ノ浦の

全員　合戦

E　(ほら貝の音)

N1E　時こそ来《きた》れ、元暦《げんりやく》二年春三月、

N2　門司《もじ》・

+N3　赤間《あかま》・

＋N4　壇《だん》ノ《の》浦《うら》に、

源氏方　源氏《げんじ》の船は三千《さんぜん》余艘《よそう》、

平家方　平家《へいけ》の船は千余艘《せんよそう》、

源氏方　源氏の勢《せい》は数《かず》を増《ま》し、

平家方　平家の勢は落《おち》ぞ行《ゆ》く。

源平全員　二十四日《にじゅうしにち》の卯《う》の刻《こく》に源平《げんぺい》矢合《やあ》わせとぞ定《さだ》めける。
すでに、源平双方、陣《じん》を合せてときをつくる。

PA PB PC　上《かみ》は梵天《ぼんてん》までも聞《きこ》え、

PD PF PF　下《しも》は竜神《りゅうじん》も

源平全員　驚《おどろ》くらんとぞ覚《おぼ》えける。

E　(ほら貝の音)

源平N　そののち双方、たがいに命を惜《お》しまず、

PA　さしつめ引きつめ、

＋PB　駆《か》け出《い》で駆け出で、

＋PC　追いつ追われつ、

＋PD　進み退《しりぞ》き、

＋PE　組んず組まれつ、

＋PF　討《う》ちつ討たれつ、

PA　さしつめ引きつめ、駆け出で駆け出で、追いつ追われつ、進み退き、組んず組まれつ、討ちつ討たれつ、

PB　駆け出で駆け出で、追いつ追われつ、進み退き、組んず組まれつ、討ちつ討たれつ、さしつめ引きつめ、

PC　追いつ追われつ、進み退き、組んず組まれつ、討ちつ討たれつ、さしつめ引きつめ、駆け出で駆け出で、

PD　進み退き、組んず組まれつ、討ちつ討たれつ、さしつめ引きつめ、駆け出で駆け出で、追いつ追われつ、

PE　組んず組まれつ、討ちつ討たれつ、さしつめ引きつめ、駆け出で駆け出で、追いつ追われつ、進み退き、

PF　討ちつ討たれつ、さしつめ引きつめ、駆け出で駆け出で、追いつ追われつ、進み退き、組んず組まれつ、

源平N　いずれ劣《おと》れりとも見えざりけり。

E　（ほら貝の音　遠のく）

PA 海上《かいしょう》には赤旗《あかはた》赤じるし、
PB なげ棄《す》てかなぐり棄てたりければ、
PC あわれ無情《むじょう》の春の風、
PD 龍田《たつた》の川のもみじ葉《ば》を、
PE 嵐《あらし》の吹《ふ》き散《ち》らしたるがごとし。
PF みぎわに寄《よ》する白波《しらなみ》も、
PA 薄《うす》くれないにぞ染《で》まりける。
PB 今は主《あるじ》なき戦船《いくさぶね》、
PC 潮《しお》に引かれ、
PD 風に従《したが》って、
PE いずくともなく、漂《ただよ》い行《ゆ》くこそ悲しけれ。
PF 漂い行くこそ悲しけれ。

N1 ころは三月二十四日《にじゅうしにち》のことなれば、海路《うなじ》遙《はる》かにかすみわたる。
N2 ただ大方《おおかた》の春だにも、暮《く》れ行《ゆ》く空はものうきに、
N3 いわんや、今日を限《かぎ》りのことなれば、
N4 哀《あわ》れをもよおすばかりなり。

N全　ころは三月二十四日のことなれば、海路遙かにかすみわたる。ただ大方の春だにも、暮れ行く空はものうきに、いわんや、今日を限りのことなれば、哀れをもよおすばかりなり。

❖「衣笠の合戦」『源平盛衰記』巻の二十二より（家本芳郎／脚色）　CDトラック28

〈読み手〉

・T＝タイトルと結末を読む…二名

・H＝平家の勢を表現する…グループ

・M＝三浦党を表現する…グループ

・O＝三浦大介を表現する…ソロ

・Y＝三浦義澄を表現する…ソロ

T1　源平盛衰記　巻の二十二より　衣笠の合戦

T2　ときは治承《じしょう》四年八月二十九日《はづきすえのここのか》。

H　平家の勢、つごう三千余騎、衣笠城を取り囲む。

M　これを迎える三浦の勢、城主三浦大介義明を大将軍に、その子義澄・与一をはじめとして、和田・佐原・佐野・藤平・奴田《ぬた》党など、わずか四百五十三騎。

O　衣笠城主三浦大介義明、今年七十九にありけれど「命を惜しむは人にあらず。いでいで駆け出で最後の戦さしてみせん」とぞ下知《げじ》し給う。

M　されば、二十騎、三十騎、馬の鼻並べて駆け出でつつ、案内《あない》を知らぬ者どもを、悪所悪所へ追い詰め討ちたりけり。

O　大介味方に向《むか》い大音声にて叫びけるは「父死ぬれども子かえりみず、子討たるれども親退かず。乗り越え乗り越え、敵に向かうことこそ坂東武者の習いなる」

MH　そののち双方、たがいに命を惜しまず、さしつめ引きつめ、駆け出で駆け出で、追いつ追われつ、進み退き、組んず組まれつ、討ちつ討たれつ、いずれ劣れりとも見えざりけり。

MH　しばし、敵も味方も暇《ひま》なきさまに、今日を限りと戦いたれど、多勢に無勢、日もようやく暮れければ、三浦氏、戦さに疲れ果て、弱々しくぞ見えたりける。

O　ここに大介、子孫郎党を呼びいえて「戦さはすべきほどにしつ。われもまた見るべきことのほどを見つ。われをここに捨て、とくとく落ちて行け」と、直垂《ひたたれ》の袖をしぼりて言いたりけり。

Y　かくて義澄、泣く泣く主君頼朝を尋ね奉りて、久里浜の岬より船に乗り、安房の方へぞ落ち行きける。

T2　ここに大介討たれ、衣笠城ついに落城せり。

❖「小督の局」『平家物語』巻の六より（毛利豊／脚本原案　家本芳郎／脚色）　CDトラック29

平家物語中の名文であるが、曲をつけて「黒田節」ともなっている。ここでの登場人物は、「小督《こごう》の局《つぼね》」を探索する使者・源仲国《なかくに》ただ一人である。

〈読み手〉1から5のソロ五名。1、2は客観状況や解説。3、4は仲国。5は小督の局。

〈演出ノート〉情景描写の他は、行動も心中の思いも一人のものである。群唱には適さないかも知れないが、七五調の名調子にうながされて脚本化してみたくなる。主人公の胸の高鳴りを反復の漸増で、演目発見の驚きを全員唱和で表現する。

全員　平家物語　巻の第六より　小督の局

1　峰の嵐か

1 2　松風か

1　尋ぬる人の

1 2　琴の音か

3　覚束《おぼつか》なくは　思へども
駒をはやめて行くほどに

3 4　駒をはやめて行くほどに
全員　駒をはやめて行くほどに
5　片折戸《かたおりど》したるうちに　琴をぞ弾きすまされける。

3　しばし控へて聞きければ
3 4　まがふべうもなき小督の爪音なり。
3　「楽《がく》は何ぞ」と聞きければ、
1　「夫《つま》を思ひて恋ふ」とよむ
5　「想夫恋《そうふれん》」といふ楽なり。
全員　これぞまさしく「想夫恋」。

❖「祇園精舎」『平家物語』（毛利豊／脚色）　CDトラック30

〈読み手〉ソロ1、2、3、4の四名。
〈演出ノート〉抑揚をおさえて、ひたすら陰々滅々と読む。

全員　平家物語　祇園精舎《ぎおんしょうじゃ》

1　祇園精舎の鐘の声、

2　諸行《しょぎょう》無常《むじょう》の響きあり。

3　娑羅双樹《さらそうじゅ》の花の色、

4　盛者必衰のことわりをあらはす。

1　奢《おご》れる人も久しからず。

2　奢れる人も久しからず。

3　　奢れる人も久しからず。

4　　　奢れる人も久しからず。

全員　ただ春の世の夢のごとし。

1 2　たけき者もつひには滅びぬ、

3 4　ひとへに風の前の塵《ちり》に同じ。

3 4 1　塵に同じ。

全員　塵に同じ。

日本群読教育の会

「声の文化」としての群読を研究し、実践する有志の会として発足。年に一度の全国研究大会をはじめ、群読実技講座の開催や会員の実践記録集の出版、月に一回の会報を発行している。
ホームページ http://gundoku.web.infoseek.co.jp/

毛利　豊（もうり・ゆたか）

1956年、富山県生まれ。現在、富山県滑川市立滑川中学校教諭。担当教科は国語・社会科。全国生活指導研究協議会、日本群読教育の会の活動に参加し、日本群読教育の会では副会長を務める。
編著書に『忙しい学校生活をのりきる・ベテラン教師の超ワザ222』（ひまわり社）、共著書に『ＣＤブック・群読日本国憲法』『いつでもどこでも群読』（共に高文研）などがある。

《群読》実践シリーズ　**古典を楽しむ**

●2008年11月1日―――――――――第1刷発行

編　著　者／日本群読教育の会＋毛利 豊

発　行　所／株式会社 高 文 研

東京都千代田区猿楽町２－１－８（〒101-0064）
☎03-3295-3415　振替口座／00160-6-18956
ホームページ　http://www.koubunken.co.jp

組版／ＷｅｂＤ（ウェブ・ディー）
印刷・製本／三省堂印刷株式会社

★乱丁・落丁本は送料当社負担でお取り替えします。

ISBN978-4-87498-410-9　C0037